Inhalt

Product Lifecycle Management

Kernthesen

Beitrag

Fallbeispiele

Weiterführende Literatur

Impressum

GENIOS WirtschaftsWissen Nr. 03/2003 vom 06.03.2003

Product Lifecycle Management

M.Sydow

Kernthesen

- Product Lifecycle Management (PLM) integriert bereits bestehende Systeme der Produktentwicklung und schafft damit Synergievorteile. (1), (5)
- PLM ermöglicht die Simulation der Prozesse einer ganzen Fabrik, sodass Fehler schneller aufgedeckt und Produktionskapazitäten leichter gesteigert werden können.
- Hohe Einführungskosten von PLM sind speziell bei kleinen Unternehmen unter Kosten-Nutzen-Aspekten zu betrachten. (2)

Beitrag

Das Management des Produktlebenszyklus, neudeutsch Product Lifecycle Management (PLM), stellt einen neue Form der Produktentwicklung und -betreuung dar. Ziel ist es, durch eine ganzheitliche Ausarbeitung und Verwaltung eines Produktes alle Einflüsse, die während der Laufzeit auftreten können, rechtzeitig und den Marktanforderungen entsprechend bearbeiten zu können. Die Vorstellungen des Kunden hinsichtlich Variabilität und Anpassungsfähigkeit des Produktes oder der Dienstleistung sollen dadurch schneller und vor allem kostengünstiger realisiert werden. Dies erhöht die Kundenzufriedenheit und steigert den Absatz. (1)

Hierbei wird allerdings nicht von der klassischen Definition des Lebenszyklus der Betriebswirtschaftslehre ausgegangen, sondern das Produktlebenszykluskonzept der Wirkungsforschung angewandt. Dabei wird das Leben eines Produktes biografisch analysiert, d. h. ein Produkt wird von der Idee in der Forschung über die Entwicklung, die Produktion, den Absatz und die eigentliche Nutzung bis hin zur Entsorgung betrachtet.

Für eine klare Abgrenzung des Begriffes PLM ist es hilfreich, sich drei miteinander verknüpfte Sichten vorzustellen: die Produktsicht, die Prozess- und Organisationssicht sowie die Daten- und Informationssicht. Jede der Sichten geht auf unterschiedliche Phasen des Lebenszyklus ein und kann softwareseitige durch unterschiedliche Lösungen unterstützt werden. (1)

PLM als integrierte Softwarelösung

Für die praktische Umsetzung eines PLM-Systems bietet sich eine Softwarelösung an. Solche Lösungen integrieren verschiedene Informationsquellen wie Enterprise-Ressource-Planning (ERP), Engineering-, Office-, Planungs- und Fertigungsanwendungen. Integration ist in diesem Zusammenhang allerdings nicht gleichzusetzen mit der Bündelung verschiedener Softwarelösungen. Vielmehr wird eine ganzheitliche und dauerhafte Herangehensweise an das Leben eines Produktes angestrebt. (6)

Entscheidend für die Integration der verschiedenen Sichten ist eine Vermeidung von Medienbrüchen und Schnittstelleninkompatibilität. Nur so kann die Einführung von PLM ein entscheidender Erfolgsfaktor in der strategischen Ausrichtung eines Unternehmens sein.

Einen entscheidenden Beitrag hierfür liefert die Datenbeschreibungssprache Extensible Markup

Language (XML). Als Basis dient eine Datenbank in der dem Produkt zugehörige Metadaten gespeichert werden. Diese Daten können dann von allen Stufen des Produktlebenszyklus genutzt werden. So kann beispielsweise der Vertrieb für die Anfertigung seiner Vertriebsbroschüren oder Handbücher auf die Daten des PLM-Systems zugreifen, um Ausgangsdaten wie Zeichnungen, Bilder, Stücklisten oder Teilebeschreibungen aufzurufen. (2)

Bevor eine derartige Software eingeführt wird, ist allerdings eine Optimierung bestehender Prozesse notwendig. Mitarbeiter müssen an die ganzheitliche Denkweise herangeführt und für ein gemeinsames Vorgehen geschult werden. Die Organisation eines Unternehmens wird so schrittweise auf die integrierte Produktentwicklung umgestellt. Dann kann ein PLM-System die Suchkosten für relevante Produktdaten entscheidend reduzieren und Entwicklungsschritte beschleunigen. Eben genannte Vorteile lassen sich auch im so genannten Collaborative Engineering nutzen, d. h. Produkte werden dezentral und mit der Unterstützung externer Partner entwickelt. Anzumerken ist allerdings, dass eine PLM-Einführung erst nach ungefähr eineinhalb bis zwei Jahren Früchte trägt. (1), (2)

Simulation von Prozessen in der Produktentwicklung

PLM bietet zudem die Möglichkeit der virtuellen Produktentwicklung. Produktdaten und im CAD-System (Computer Aided Design) ausgearbeitete Strukturen können für Simulationen genutzt werden. So kann auf teure Prototypen verzichtet werden. In diesem Zusammenhang wird auch von der so genannten Digitalen Fabrik gesprochen. Vor der eigentlichen Produktion und dem Bau einer Fabrik können so unterschiedliche Produktionsszenarien durchgespielt werden. Fehler können leichter erkannt und behoben werden, so dass die maximale Produktionskapazität schneller realisiert werden kann. Dabei bedient man sich auch der Erkenntnisse bereits hergestellter und vergleichbarer Produkte. Diese Form der Entwicklung wird auch unter dem Begriff Process Lifecycle Management zusammengefasst. Bei dem Einsatz solcher Systeme ist allerdings zwischen Großunternehmen und Klein- und mittelständischen Unternehmen (KMU) zu unterscheiden. Für KMUs ist die Einführung von Process Lifecycle Management aus Kostengründen in der Regel nicht zu empfehlen. Ein Team guter Ingenieure, unterstützt durch ein CAD-System und Tabellenkalkulationssoftware, reicht im Normalfall aus.

Kosten-Nutzen-Analyse

Die Einführung eines PLM-Systems ist unter Berücksichtigung von Kosten-Nutzen-Aspekten nur mit Vorbehalt zu empfehlen. Entscheidend ist auch hier die Größe des Unternehmens und die Dimensionen des PLM-Projektes. Kosten für Lizenzen, Implementierung und Hardware gehen schnell in die Höhe. Aber gerade in konjunkturell schwachen Zeiten ist PLM ein beliebtes Werkzeug, um bestehende Ineffizienzen interner Abläufe aufzudecken und zu verbessern. Für die Einführung von PLM ist daher oftmals die tatsächliche Realisation von Einsparungen entscheidend. (2)

Probleme im Umgang mit PLM

Beim Austausch von Produktions- und Prozessdaten wie beispielsweise dem Collaborative Engineering sind intellektuelle Eigentumsrechte schwer zu schützen. Vertragliche Regelungen oder genau spezifizierte Zugangsrechte können hier möglicherweise Abhilfe schaffen. Außerdem kann die Festlegung von Verantwortlichkeiten innerhalb eines

PLM-Vorhabens zu Schwierigkeiten führen. Insbesondere deswegen, weil verschiedene Abteilungen und auch externe Partner Zugang zu dem System haben. Für einen reibungslosen Austausch von Informationen ist ebenso die Schaffung von Standards wichtig. Viele Systeme haben unterschiedliche Schnittstellen oder andere Softwareplattformen, sodass aufgrund von Inkompatibilität aufwendige Konvertierungen notwendig sein können. (5)

Fallbeispiele

Die IBM/Dassault-Tochter Delmia bietet für die Umsetzung der eigenen PLM-Strategie die so genannte Catia V5-Architketur. Damit können das Produkt, die Prozesse und die Ressourcen miteinander verbunden werden. Die Lösung ist offen für jedes Konstruktionssystem und mit 20 000 Euro Minimalkosten oft auch für KMU erschwinglich.

In der Automobilbranche nutzen bereits über 70 Prozent der Hersteller die Entwurfs- und Konstruktionssoftware von IBM/Dassault. Diese 3D-Software unterstützt den kompletten Lebenszyklus eines Automobils vom Reißbrett über die Fertigung bis hin zu neuen Modellvarianten. Kunden kommen allerdings auch aus anderen Branchen wie der Flugzeugbauer Boing oder der Handyhersteller Nokia. (7)

Ford hat sowohl mit EDS als auch IBM/Dassault neue Softwareverträge geschlossen. Der Konzern verfolgt eine mehrgleisige Strategie im Gebiet CAD. (4)

Das Werftenkonsortium von Blohm+Voss, den Nordseewerken und Lürssen hat sich zur Einführung einer PLM-Lösung von EDS entschlossen. Ziel ist die Steuerung aller Entwicklungs- und Fertigungsprozesse, insbesondere bei Kooperationen für Großobjekte. Speziell im Schiffsbau sind die Grenzen der CAD-Lösungen schnell erreicht, da die Komplexität der Beziehungen von Einzelteilen und zu verarbeitenden Daten enorm ist. Die für den Schiffsbau typische Kommunikationserfordernis und Dynamik erfordern Flexibilität in Strukturen und Abläufen. PLM kann hierbei entscheidende Wettbewerbsvorteile liefern. (6)

Weiterführende Literatur

(1) Produktlebenszyklus-Management
aus Frankfurter Allgemeine Zeitung, 27.01.2003, Nr. 22,

S. 24

(2) Produktionsnahe IT/Product-Lifecycle-Management, Durchblick in der Produktentwicklung, Computerwoche, 21.02.2003, S. 40
aus Frankfurter Allgemeine Zeitung, 27.01.2003, Nr. 22, S. 24

(3) Branchenmarktplätze planen breiten Einsatz
aus Lebensmittel Zeitung 02 vom 10.01.2003 Seite 028

(4) Autohersteller klärt auf, Ford nutzt Software von EDS und IBM, Computerwoche, 14.02.2003, S. 6
aus Lebensmittel Zeitung 02 vom 10.01.2003 Seite 028

(5) Studie der Aberdeen Group, Mittelstand sorgt für Nachfrage nach PLM, Computerwoche, 14.02.2003, S. 26
aus Lebensmittel Zeitung 02 vom 10.01.2003 Seite 028

(6) Steuerung für Entwicklungs- und Fertigungsprozesse, Werftenkonsortium setzt auf PLM, Computerwoche, 31.01.2003, S. 33
aus Lebensmittel Zeitung 02 vom 10.01.2003 Seite 028

(7) Dassault ergattert Großauftrag von Ford Designsoftware-Hersteller übertrifft Gewinnerwartungen " Ausblick pessimistisch
aus FTD Financial Times Deutschland vom 07.02.2003, Seite 6

Impressum

Product Lifecycle Management

Bibliografische Information der deutschen Nationalbibliothek

Die Deutsche Nationalbibliothek verzeichnet diese Publikation in der deutschen Nationalbibliografie; detaillierte bibliografische Daten sind im Internet über http://dnb.d-nb.de abrufbar.

ISBN: 978-3-7379-1181-8

© 2015 GBI-Genios Deutsche Wirtschaftsdatenbank GmbH, Freischützstraße 96, 81927 München, www.genios.de

Alle Rechte vorbehalten. Dieses Werk ist einschließlich aller seiner Teile – z.B. Texte, Tabellen und Grafiken - urheberrechtlich geschützt. Jede Verwertung außerhalb der Grenzen des Urheberrechtsgesetzes bedarf der vorherigen Zustimmung des Verlags. Dies gilt insbesondere auch für auszugsweise Nachdrucke, fotomechanische Vervielfältigungen (Fotokopie/Mikroskopie), Übersetzungen, Auswertungen durch Datenbanken oder ähnliche Einrichtungen und die Einspeicherung und Verarbeitung in elektronischen Systemen.